TUESDAYS NOCTURNE

Music for Chamber Orchestra

Instruments:
Flute
Oboe
Harp
Piano

Composer
Nicola de Brun

ISBN 9790502438029

Contens

Tuesdays Nocturne
Score

Tuesdays Nocturne

Nicola de Brun

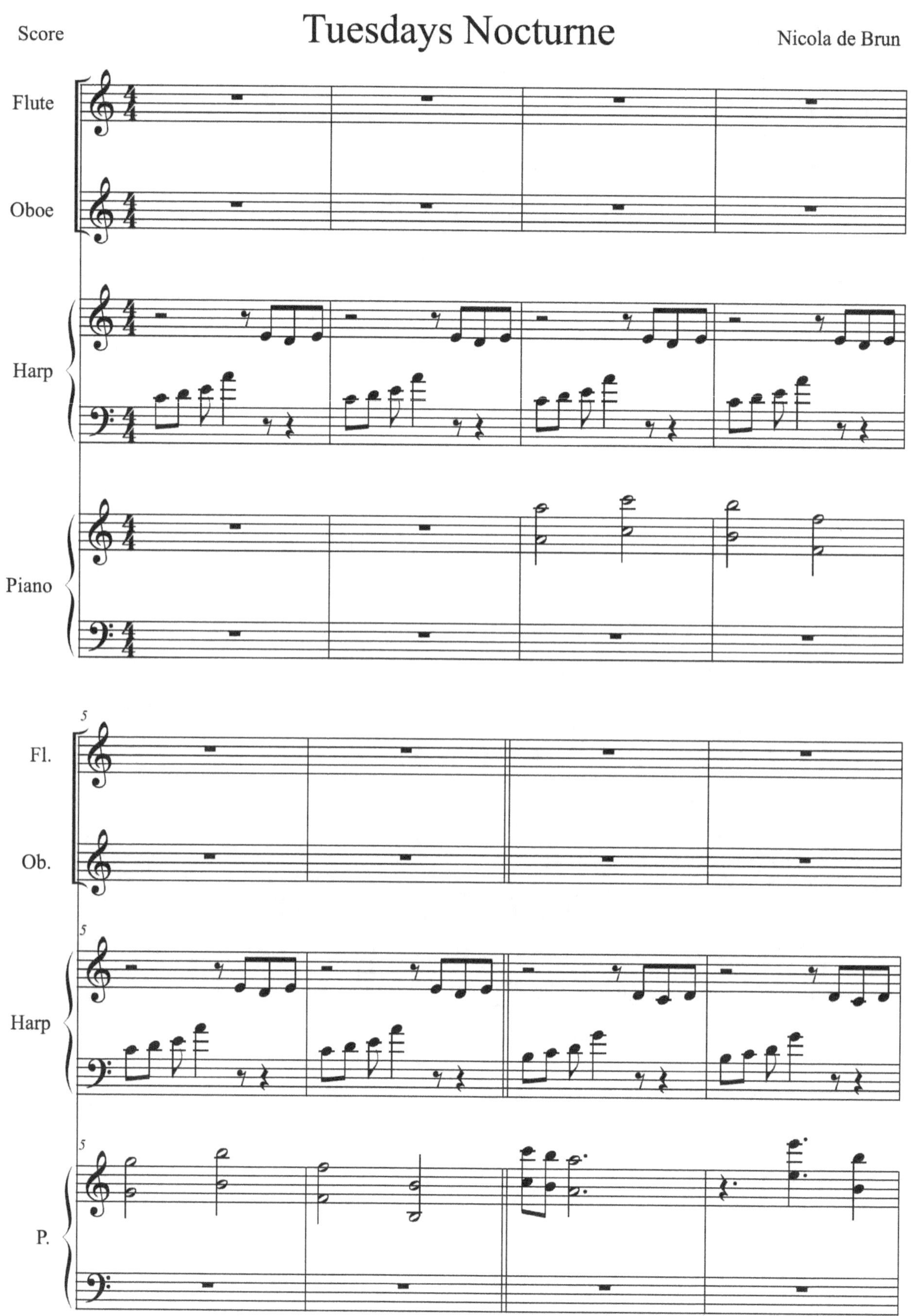

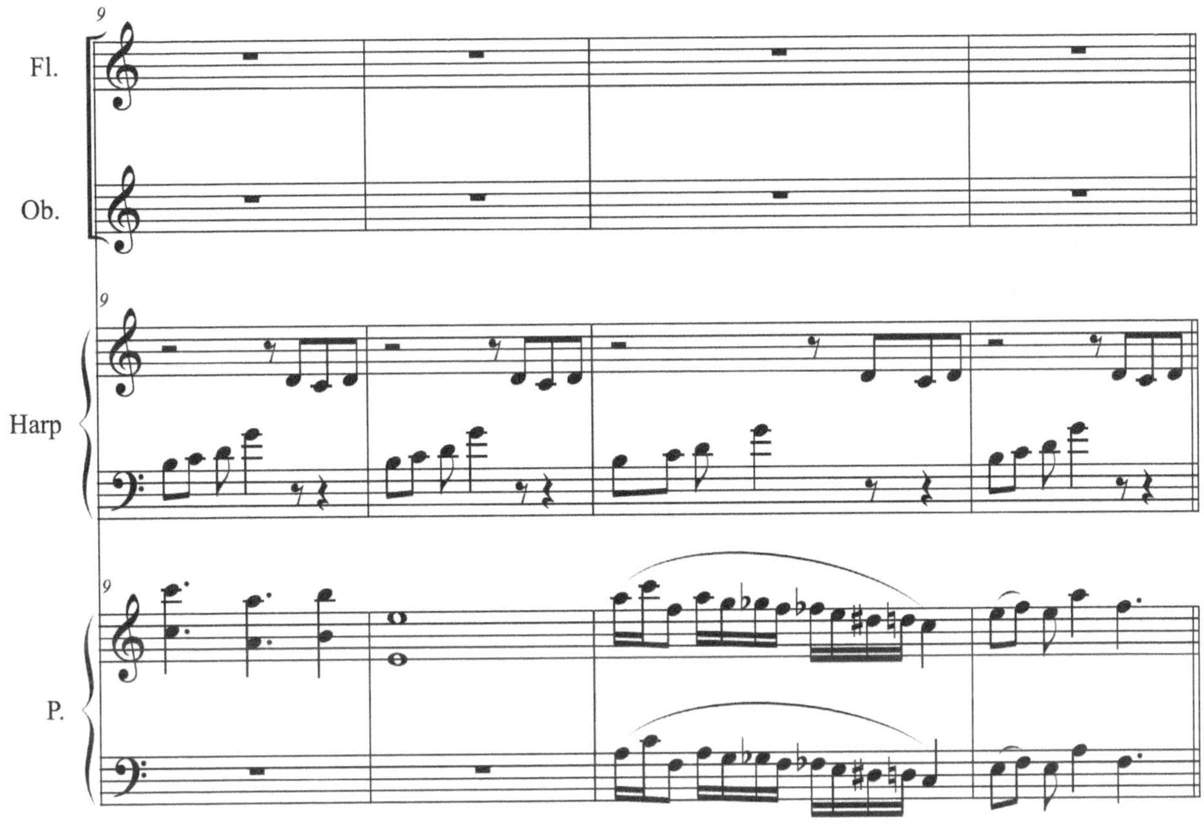

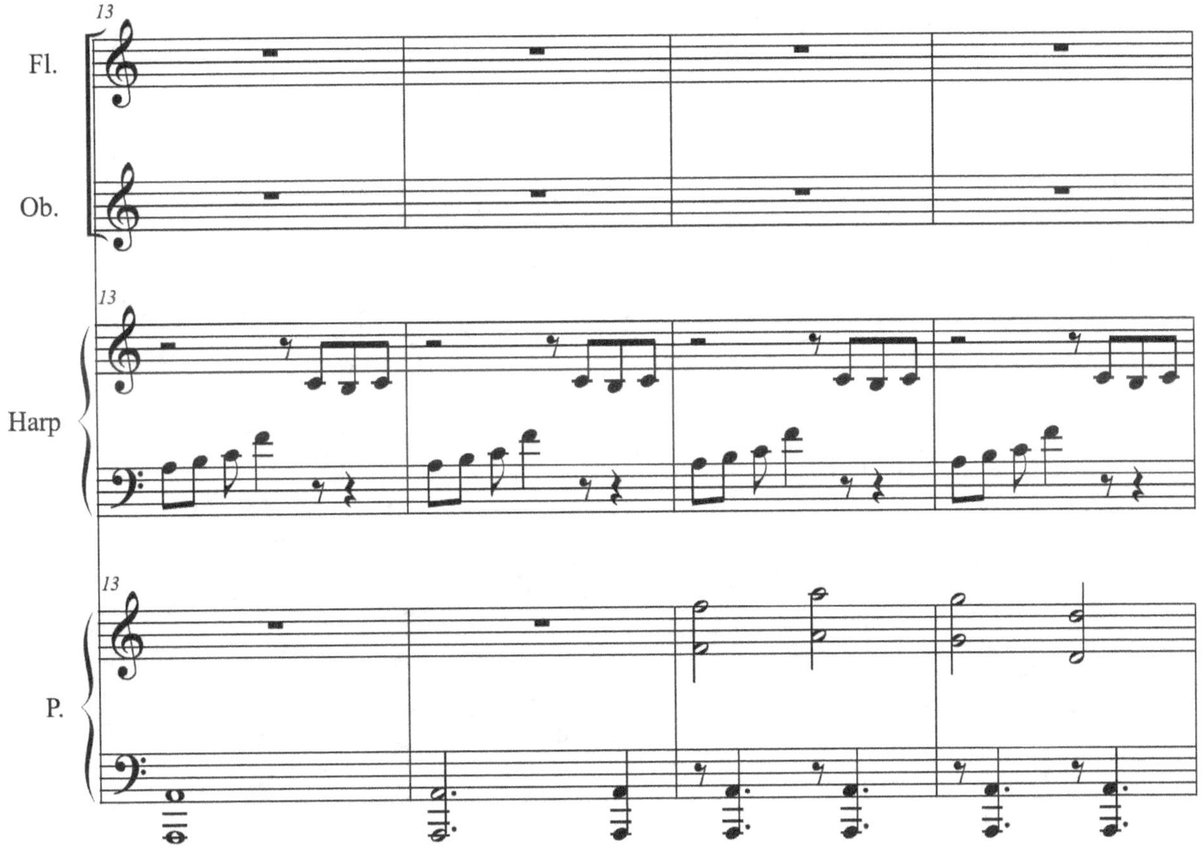

2

Fl.

Ob.

Harp

P.

Fl.

Ob.

Harp

P.

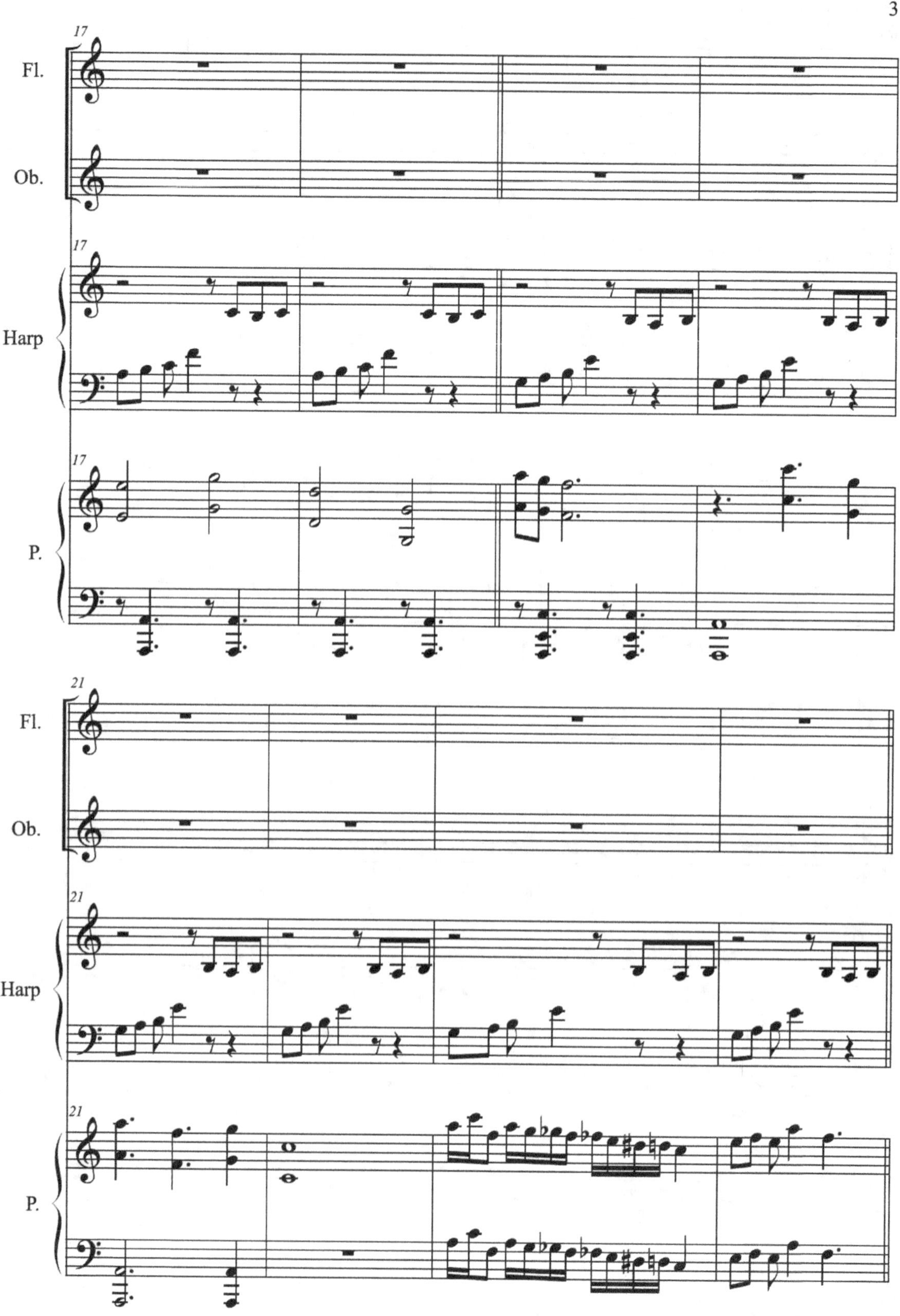

Fl.
Ob.
Harp
P.
Fl.
Ob.
Harp
P.
17
17
17
21
21
21

4

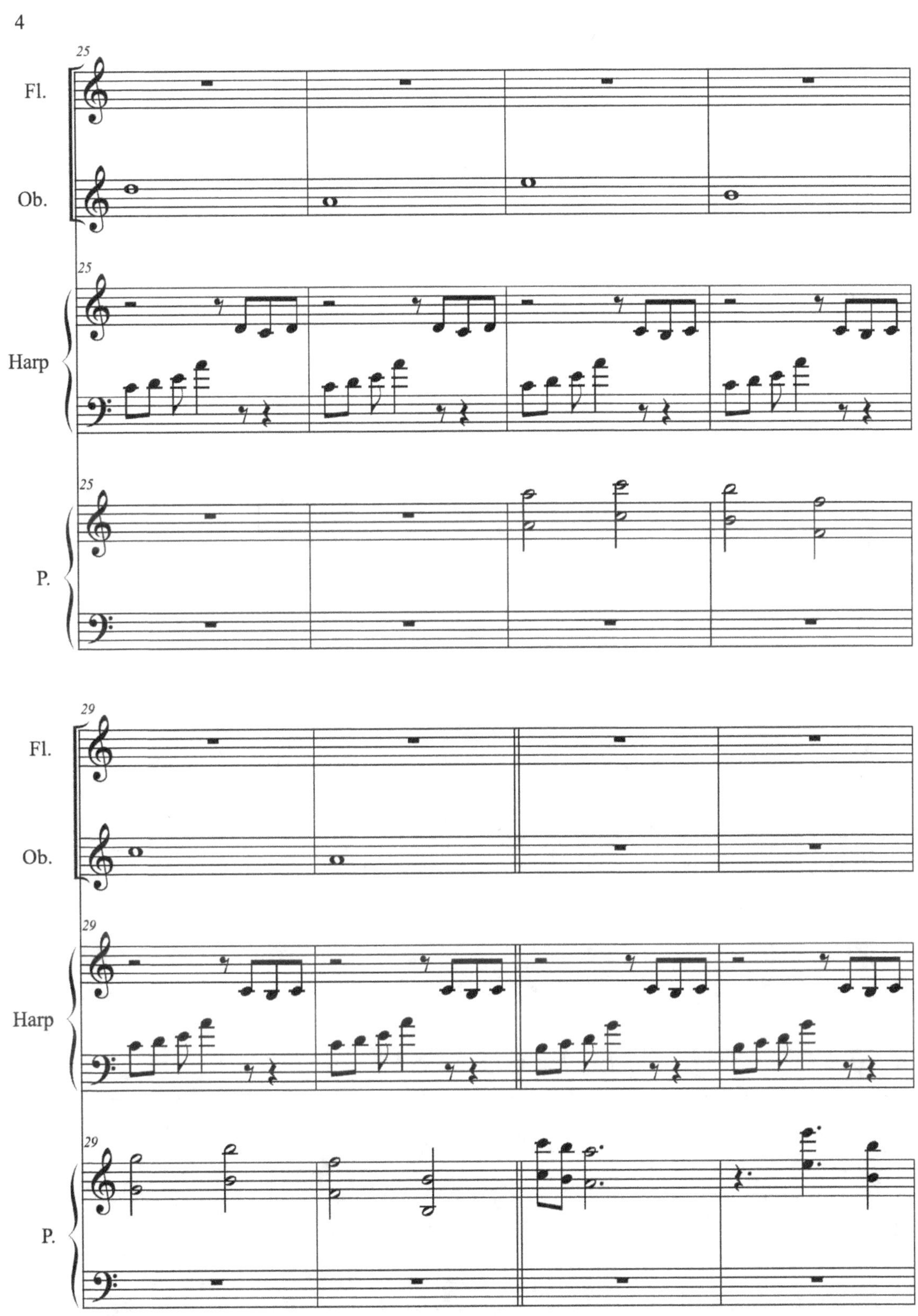

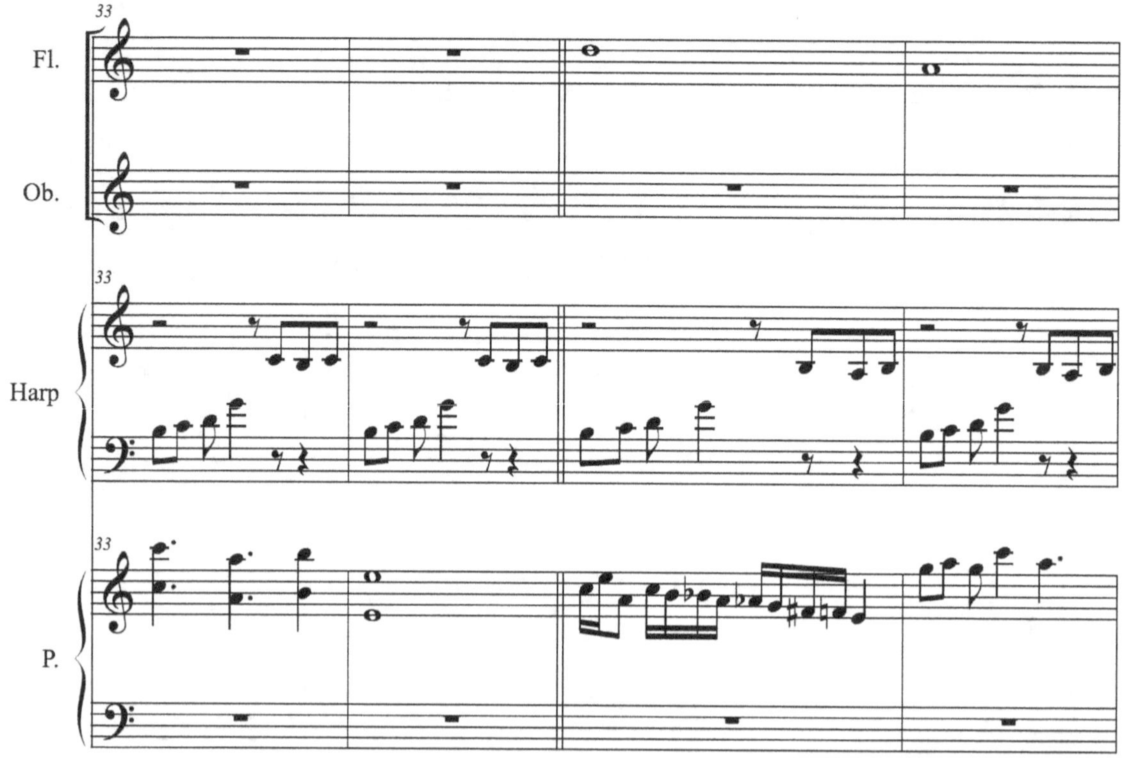

33
Fl.
Ob.
33
Harp
33
P.
37 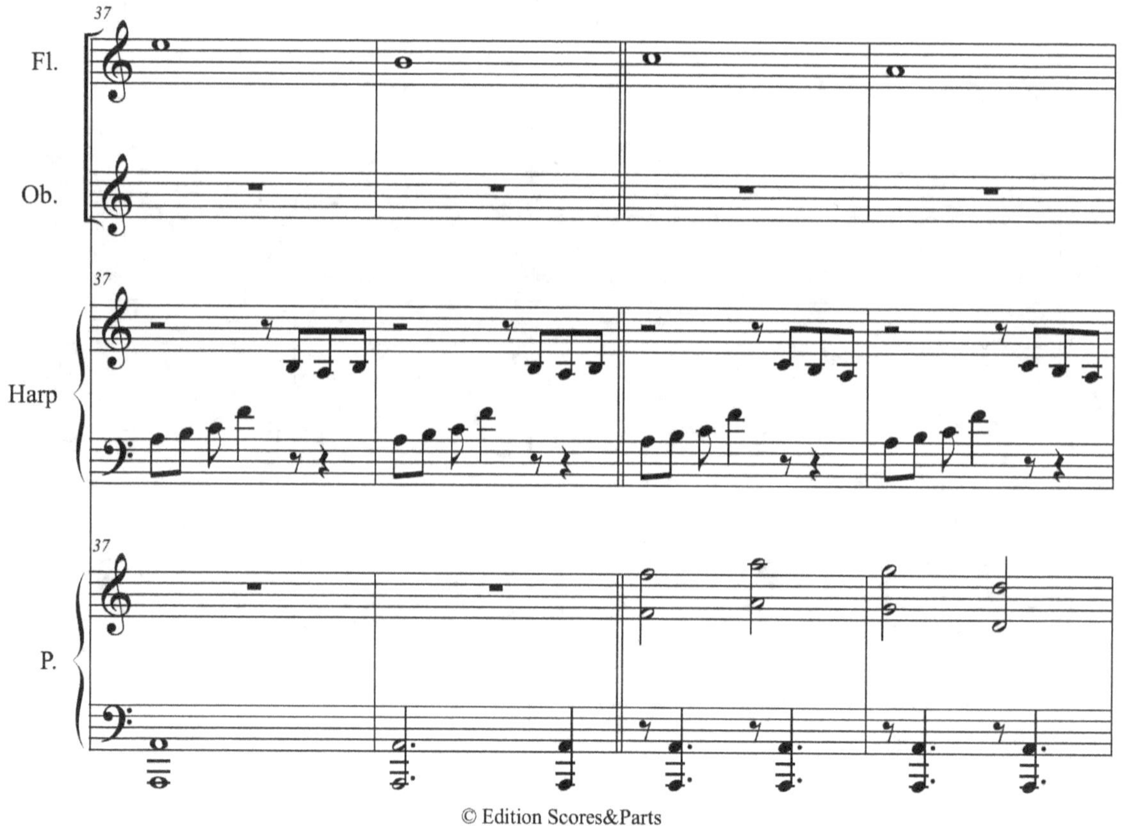
Fl.
Ob.
37
Harp
37
P.

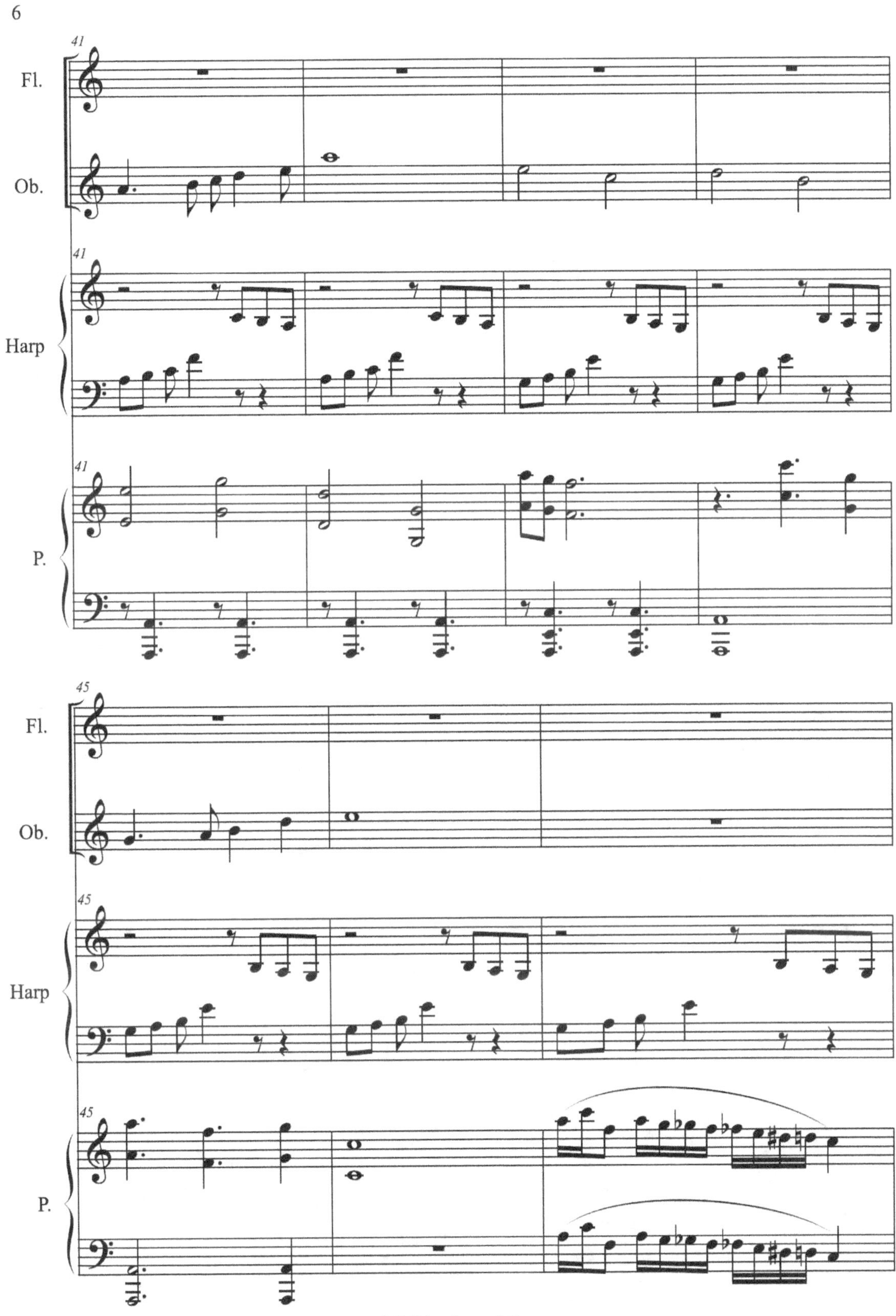

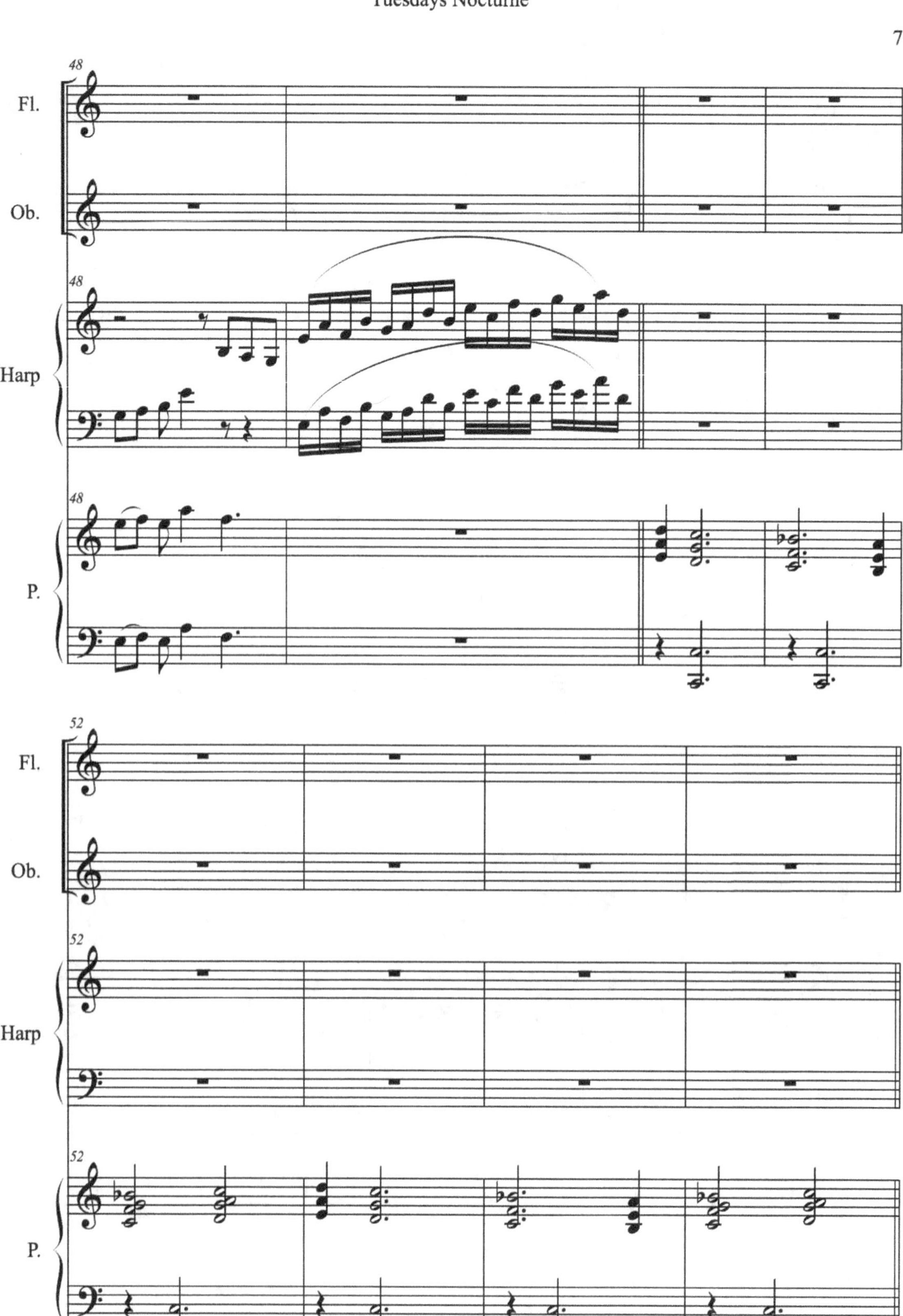
48
Fl.
Ob.
Harp
P.
52
Fl.
Ob.
Harp
P.

8

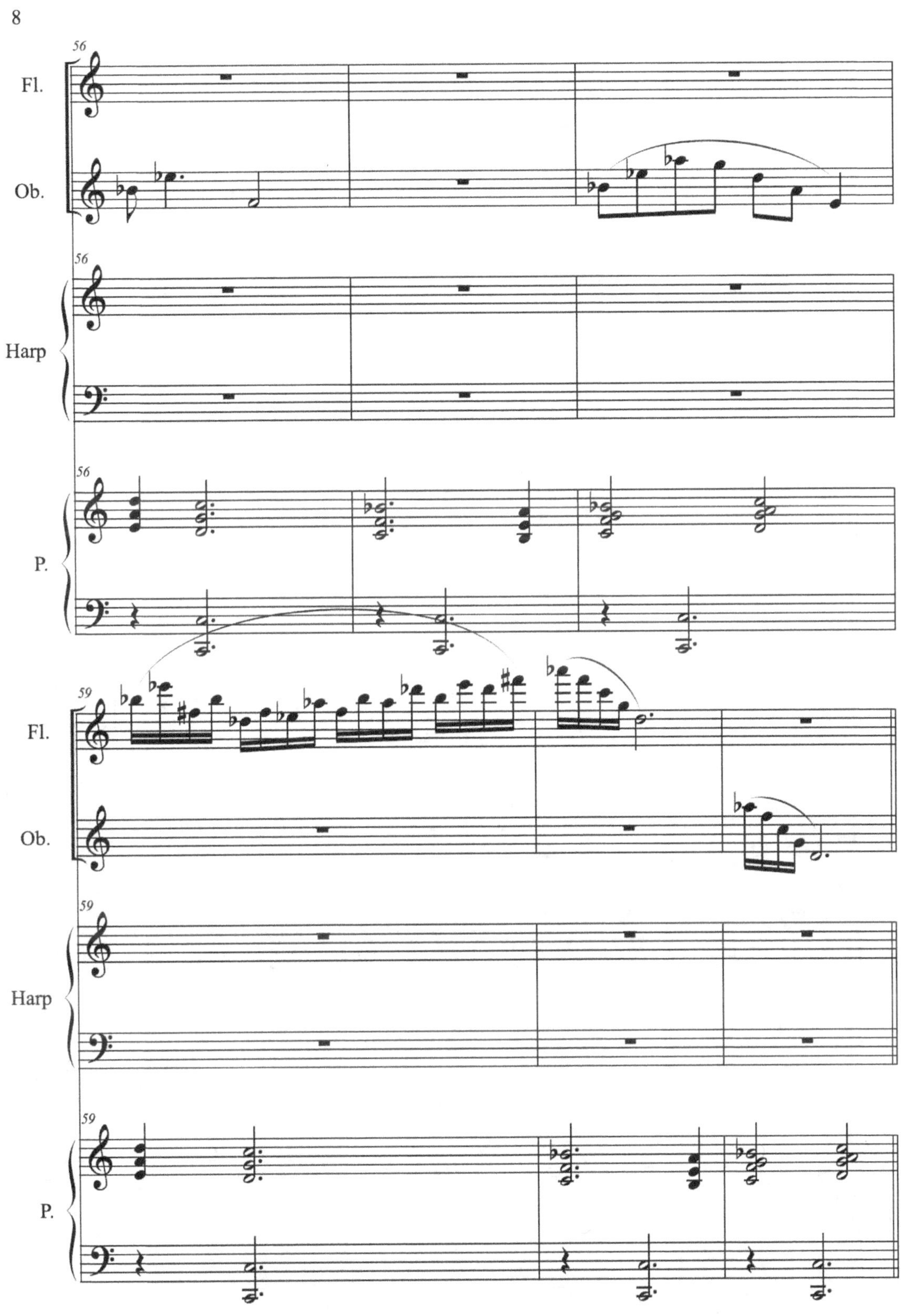

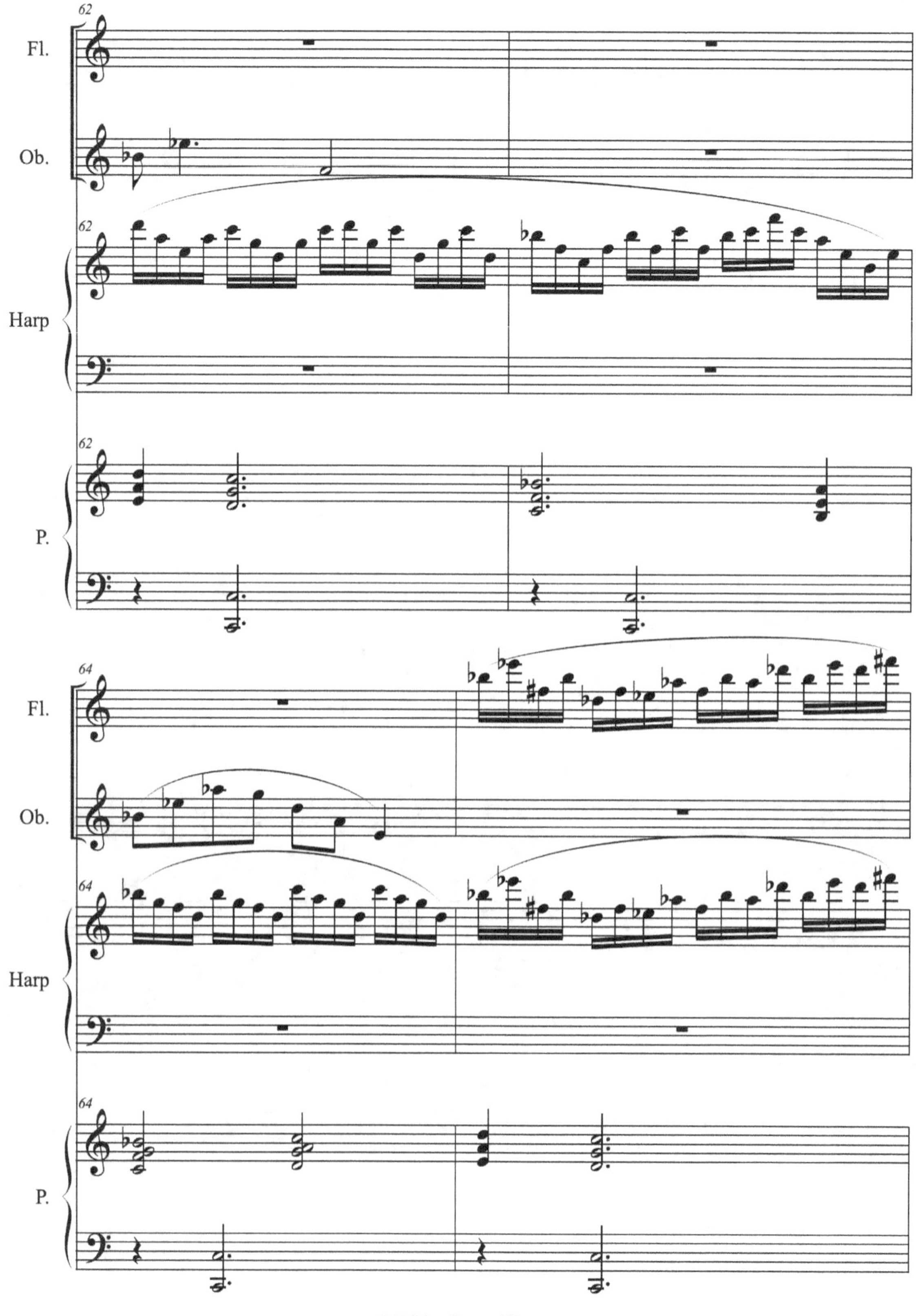

62
Fl.
Ob.
Harp
P.
64
Fl.
Ob.
Harp
P.

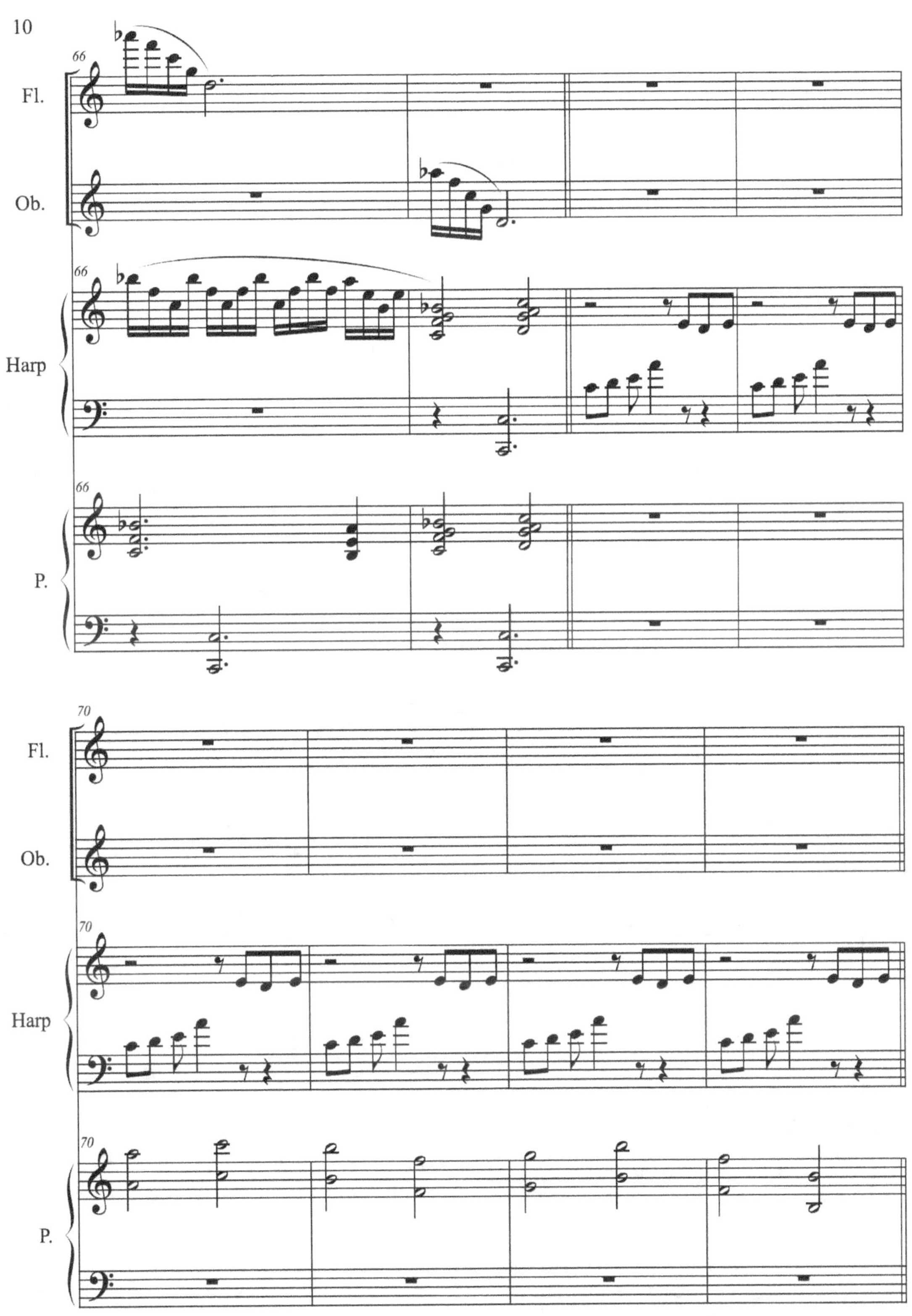

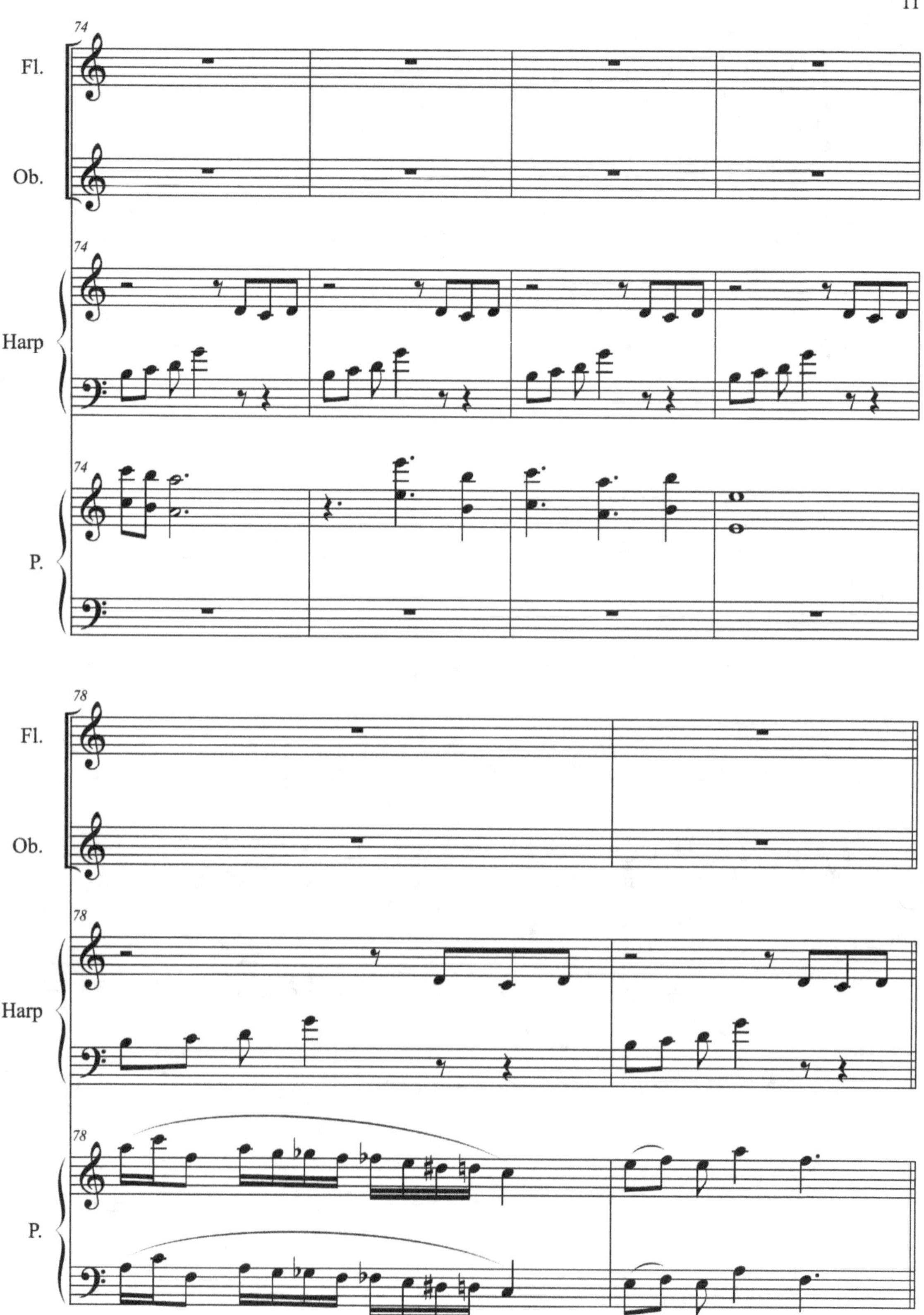
74
Fl.
Ob.
74
Harp
74
P.
78
Fl.
Ob.
78
Harp
78
P.

12

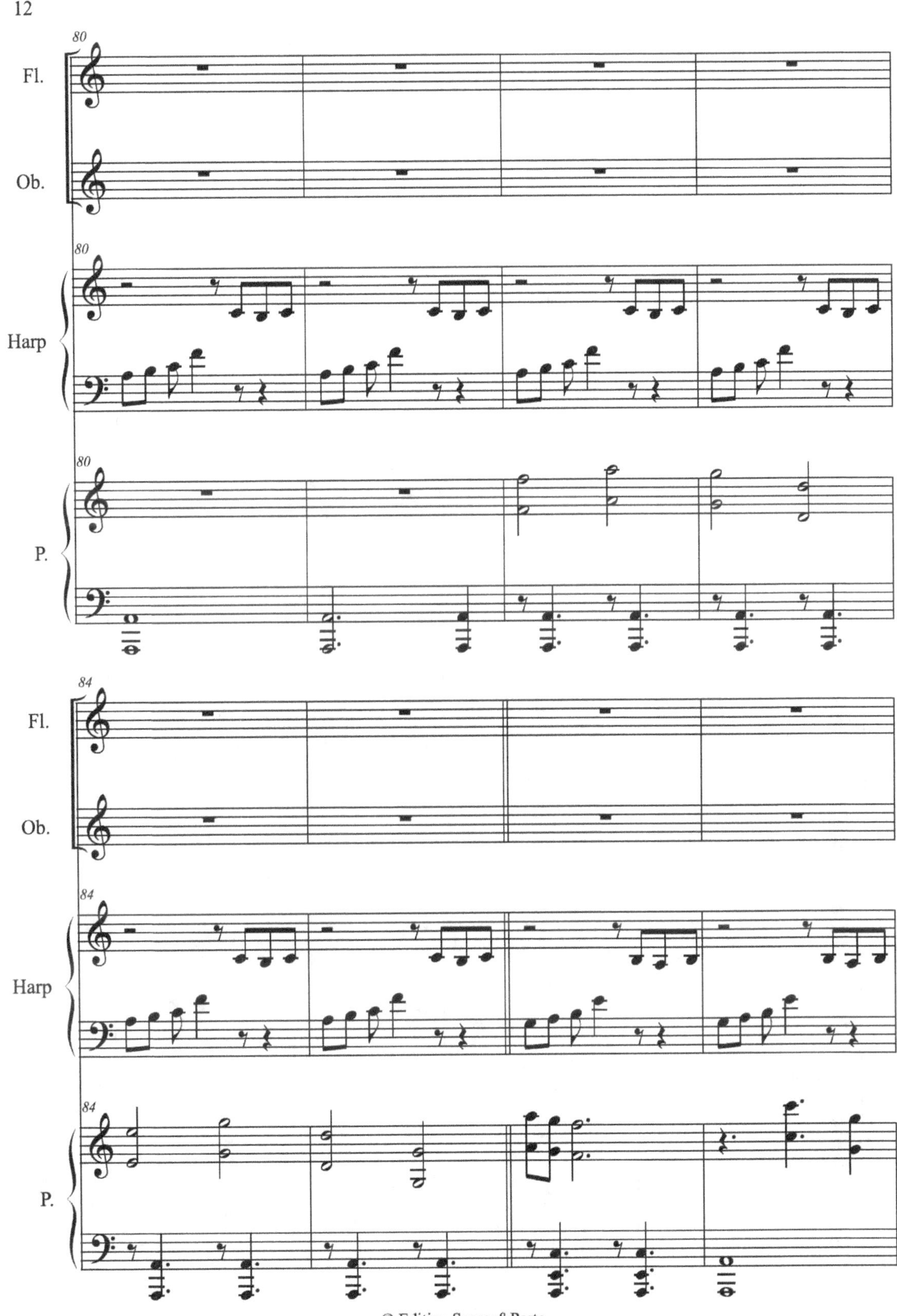

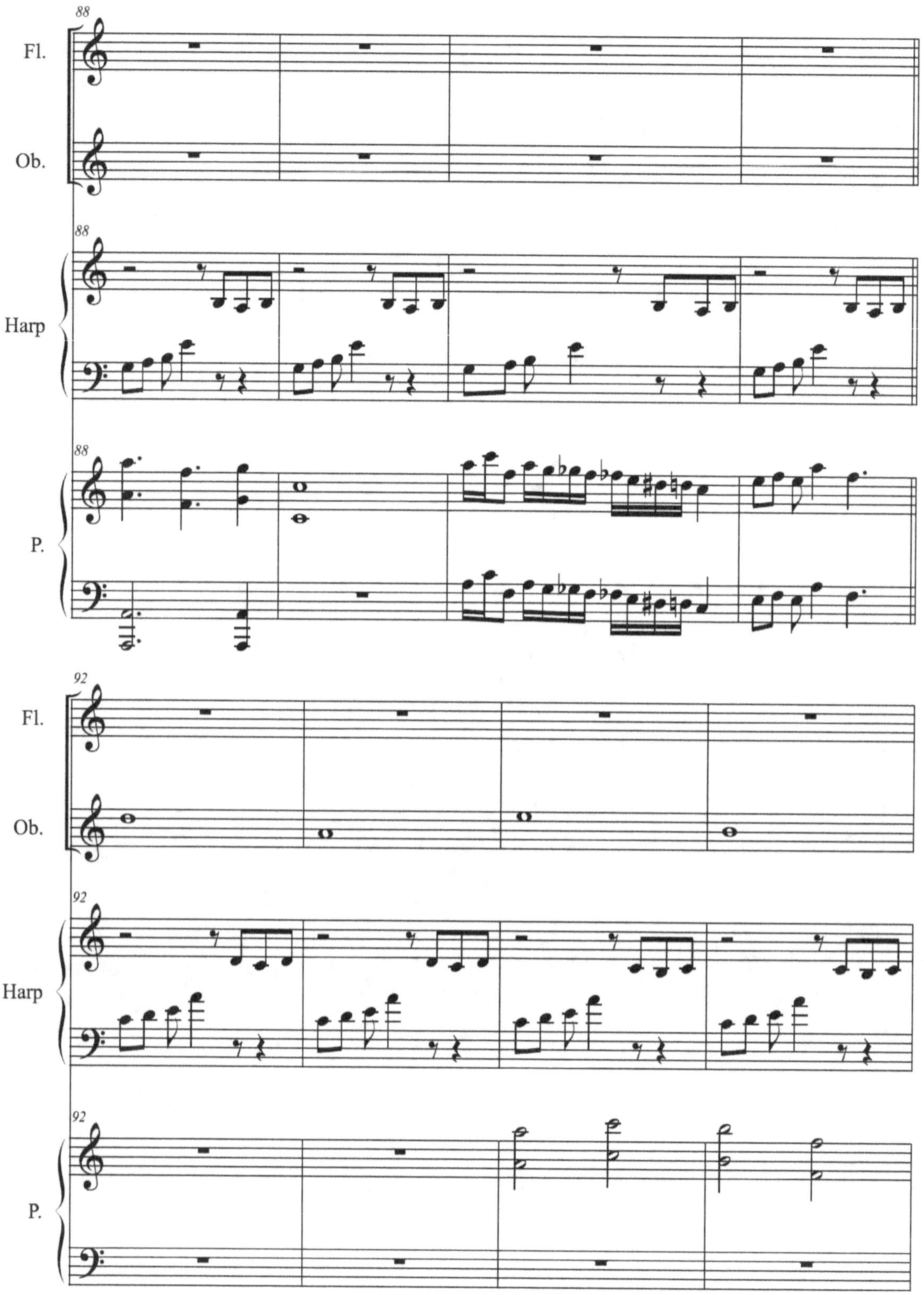

14

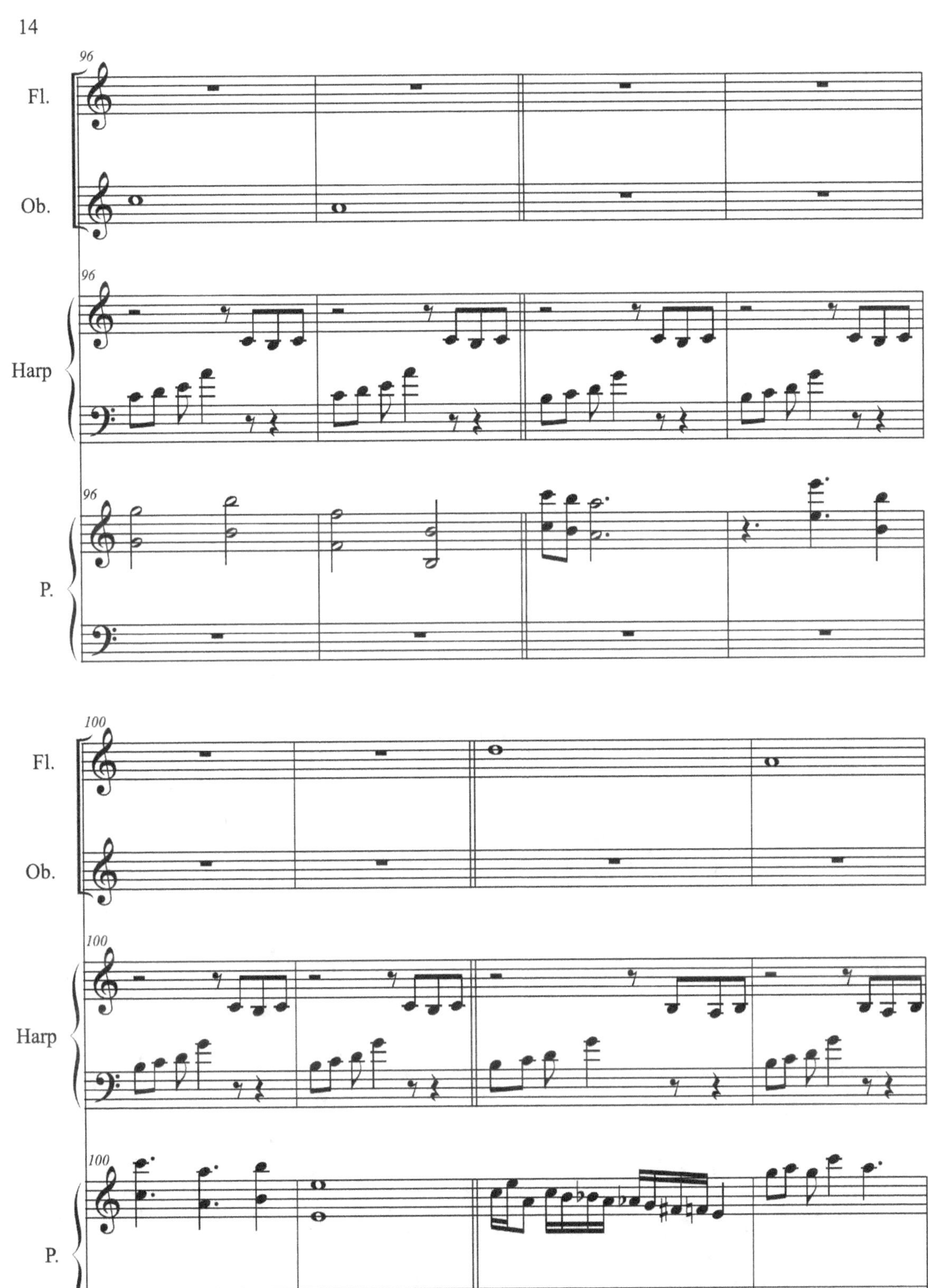

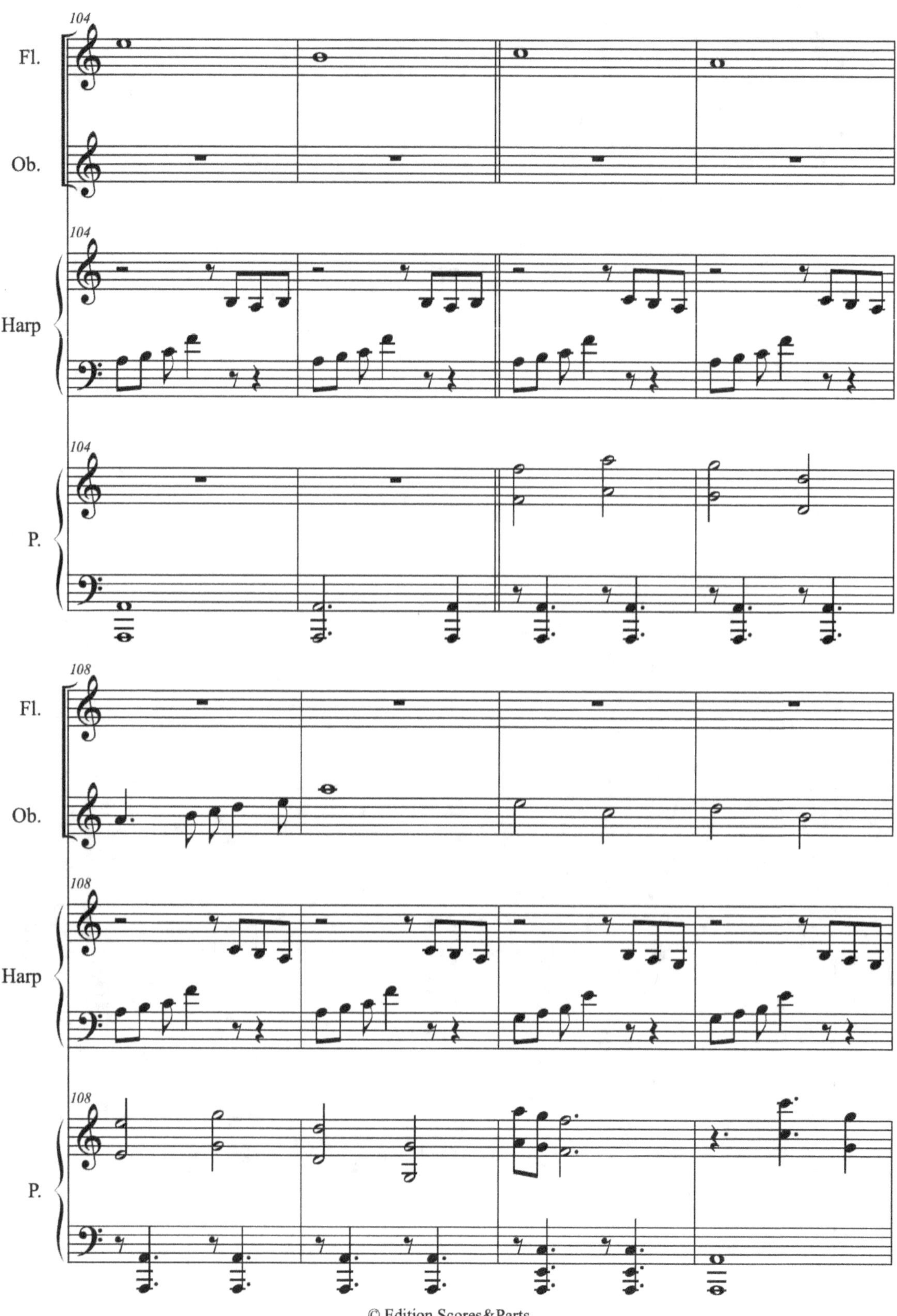

© Edition Scores&Parts

16

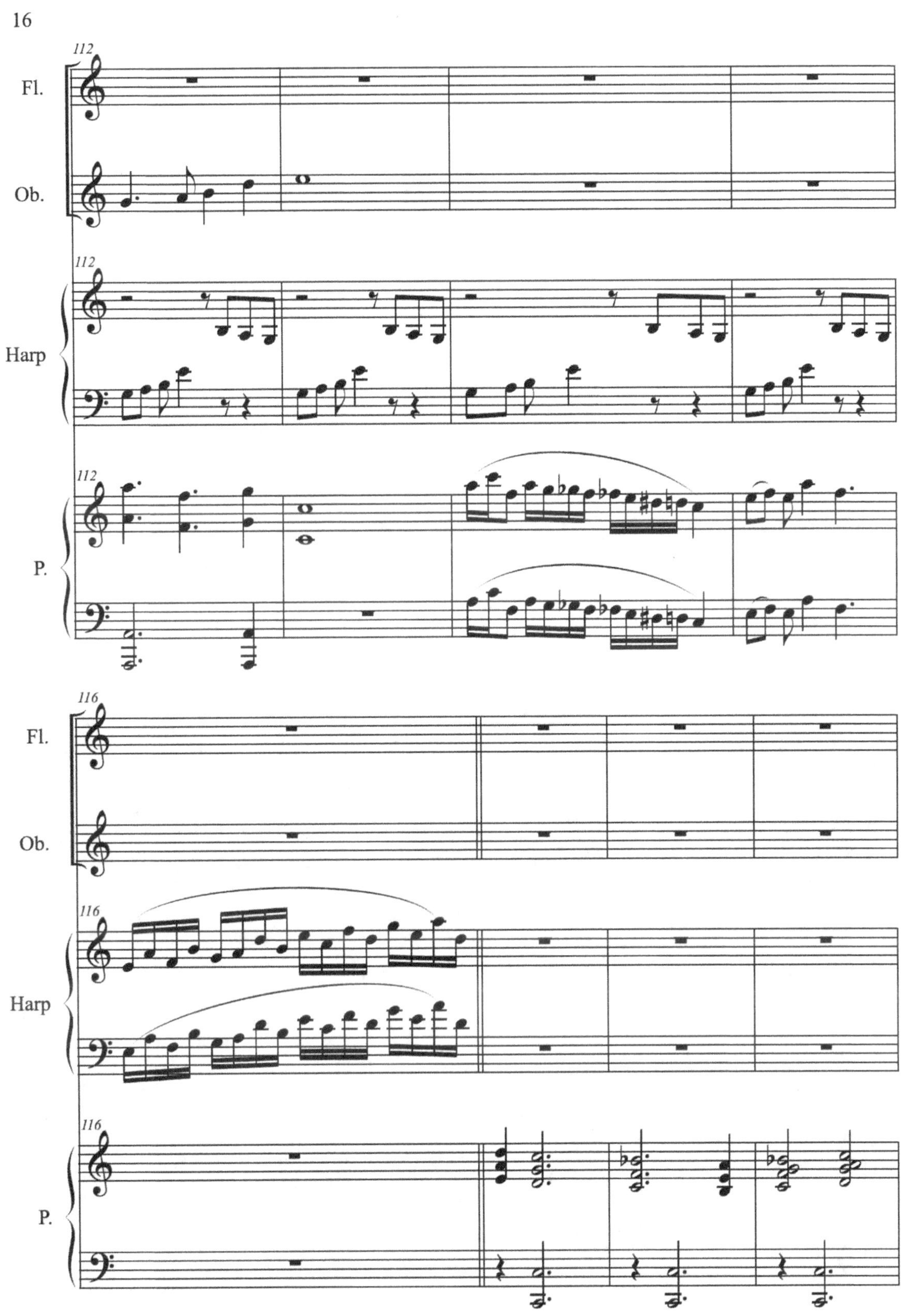

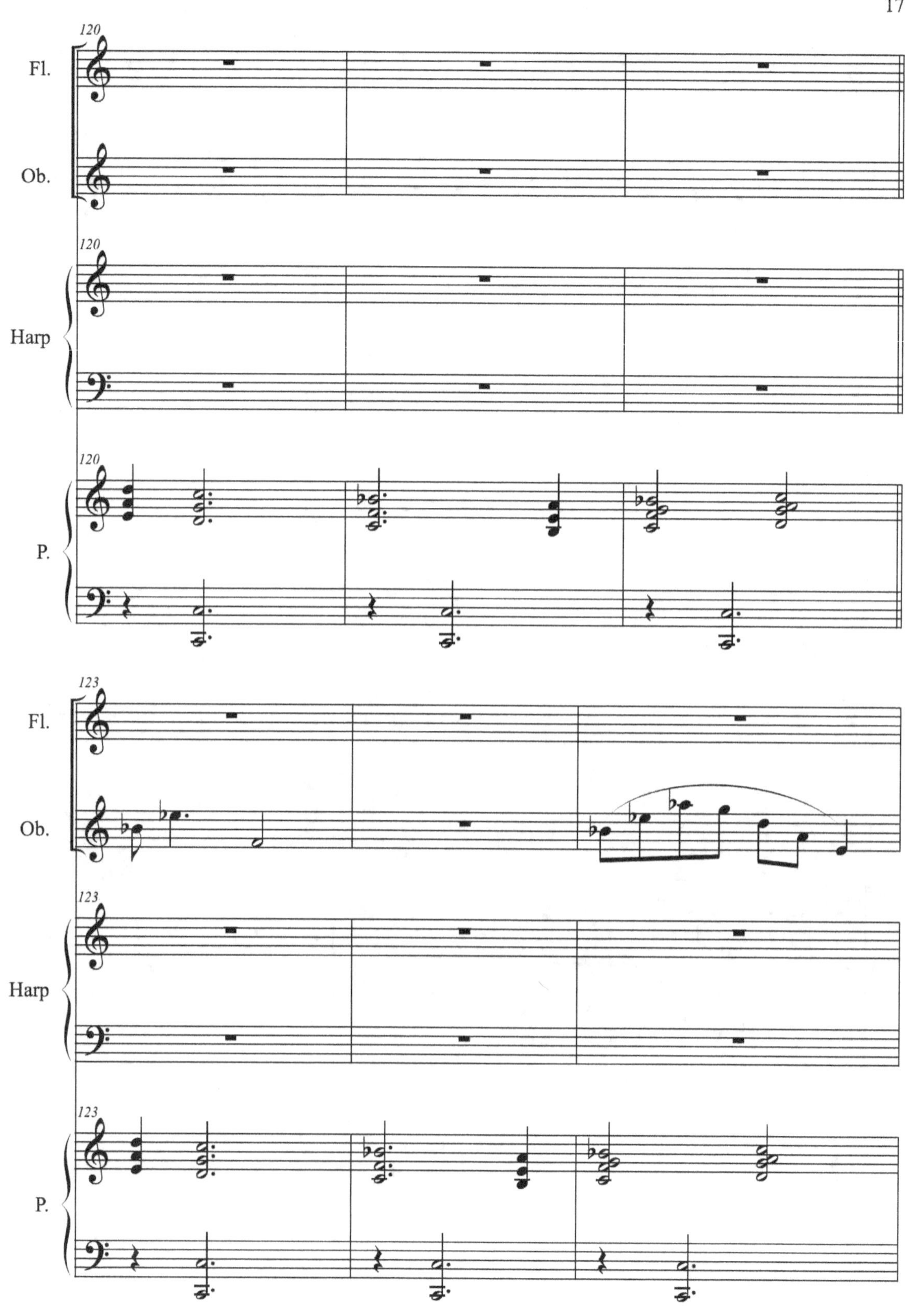

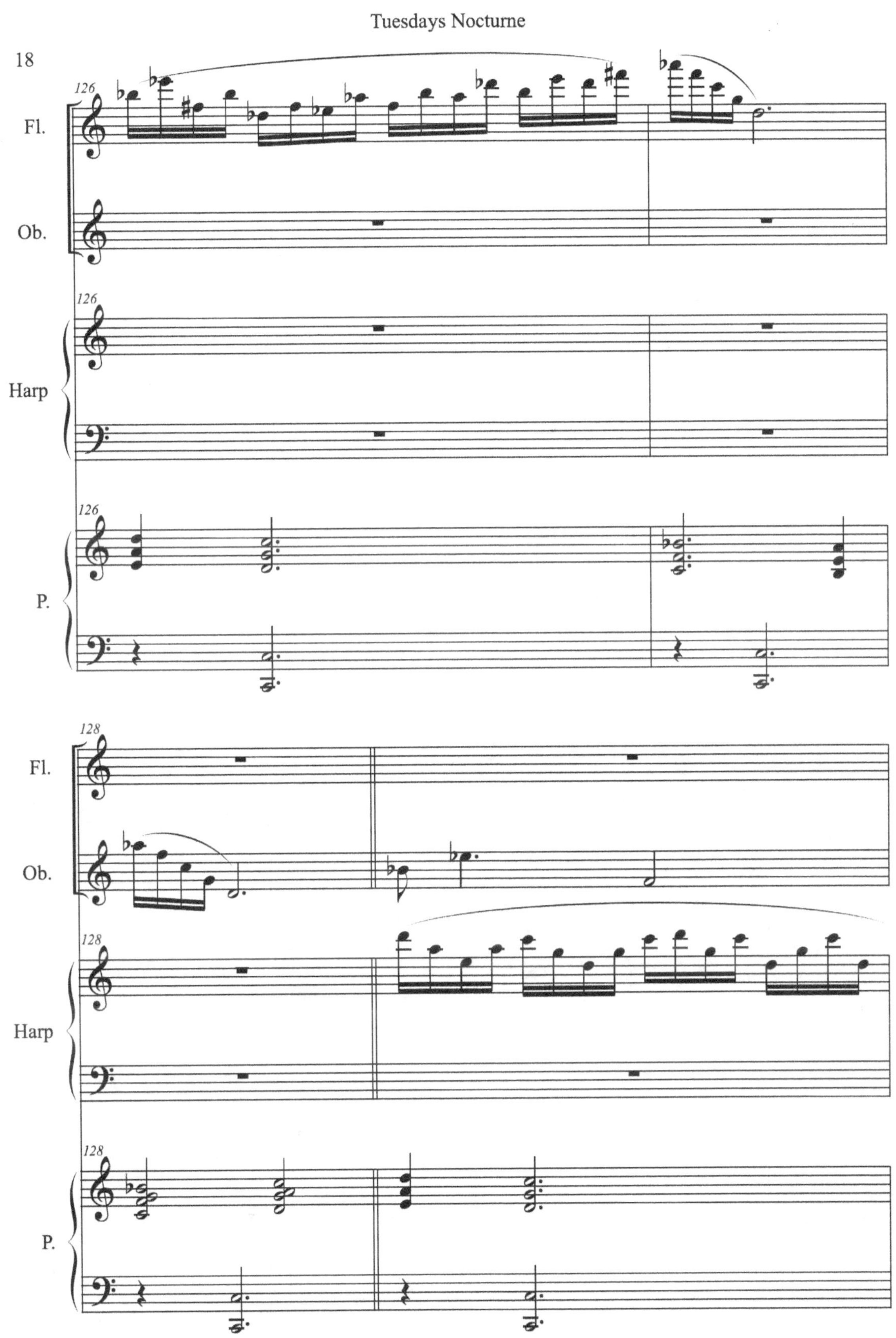
18
126
Fl.
Ob.
126
Harp
126
P.
128
Fl.
Ob.
128
Harp
128
P.

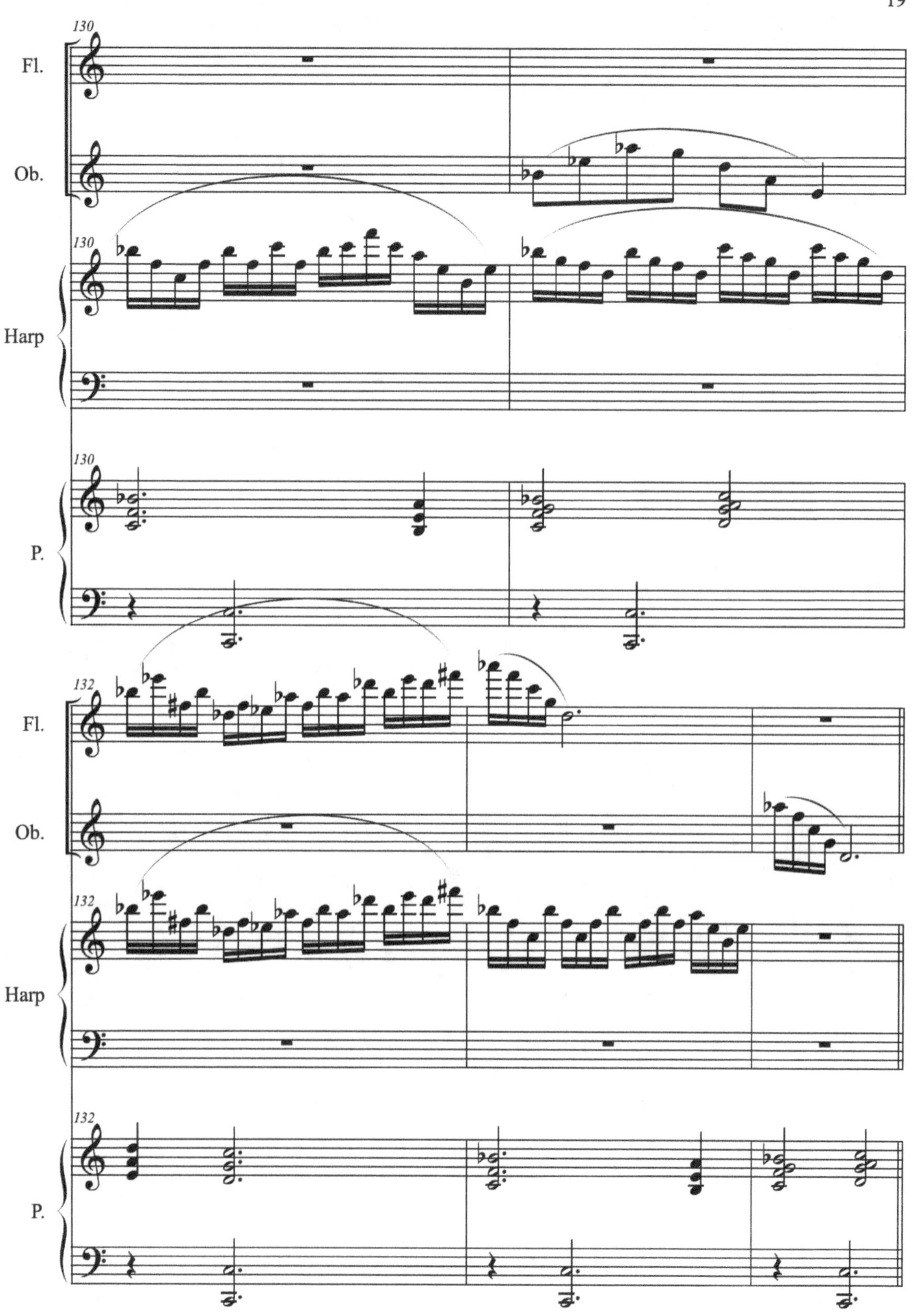
Fl.
Ob.
Harp
P.
130
132

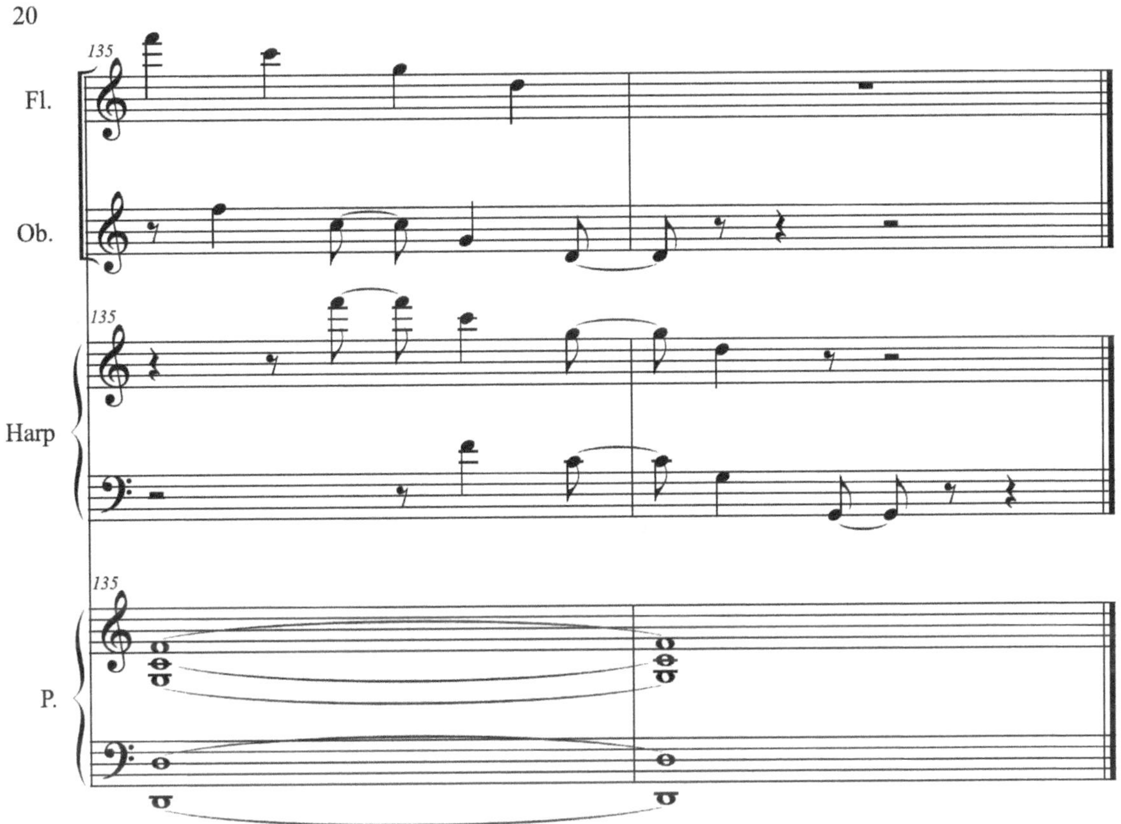

20
135
Fl.
Ob.
135
Harp
135
P.